Katja Reider

Nixengeschichten

Mit Bildern von Betina Gotzen-Beek

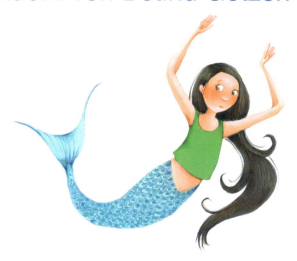

Mildenberger Verlag

Ravensburger Buchverlag

Bibliografische Information der Deutschen Nationalbibliothek:

Die Deutsche Nationalbibliothek verzeichnet diese Publikation in der Deutschen Nationalbibliografie. Detaillierte bibliografische Daten sind im Internet über **http://dnb.d-nb.de** abrufbar.

4 5 6 7   E D C

Ravensburger Leserabe
© 2011 für die Originalausgabe
Ravensburger Buchverlag Otto Maier GmbH
© 2013 für die Ausgabe mit farbigem Silbentrenner
Mildenberger Verlag und
Ravensburger Buchverlag Otto Maier GmbH
Umschlagbild: Betina Gotzen-Beek
Umschlagkonzeption: Sabine Reddig
Printed in Germany
ISBN 978-3-619-14451-8
(für die gebundene Ausgabe im Mildenberger Verlag)
ISBN 978-3-473-38548-5
(für die broschierte Ausgabe im Ravensburger Buchverlag)

www.mildenberger-verlag.de
www.ravensburger.de
www.leserabe.de

Inhalt

In Seenot — 4

Das schönste Schuppenkleid — 14

Ein seltsamer Fang — 24

Die Riesen-Perle — 32

Leserätsel — 40

In Seenot

Pia freut sich:
Endlich sind Ferien!
Jetzt kann sie
ihr neues Schlauchboot
ausprobieren.
Super!

Kaum hat Papa das Boot aufgepumpt,
zieht Pia es ins Wasser.
Halt! Pias Bruder Jannis
will auch mit!
Na gut …
Jannis darf einsteigen.

„Paddelt nicht zu weit hinaus!",
warnt Papa.
Pia nickt.
Aber Jannis winkt ab.
Er ist doch kein Baby mehr!

Wie herrlich ist es
auf dem Wasser!
Bald lässt Jannis die Ruder sinken.
Er schließt die Augen.
Auch Pia döst ein bisschen.
Das Boot treibt dahin.

Da spüren die zwei
einen kräftigen Stoß!
Oh Schreck, was war das?
Etwa ein Hai?!
Nein, ein Mädchen schaut grimmig
über den Bootsrand!

„Ihr seid viel zu weit draußen!",
schimpft das Mädchen.
Pia und Jannis sehen sich um.
Oje, tatsächlich!
„Soll ich euch abschleppen?",
fragt das Mädchen.

Jannis schüttelt den Kopf.
„Danke, aber dafür bist du
doch gar nicht stark genug!"
„Irrtum", lacht das Mädchen.
„Das mache ich dauernd!
Weil ihr Zweibeiner
so unvorsichtig seid!"

„Bist du so eine Art
Rettungsschwimmerin?",
fragt Jannis.
„So ähnlich", kichert das Mädchen.
„Kommt ihr wirklich allein zurück?"
Jannis und Pia nicken.
Da winkt das Mädchen und taucht ab.

„Mann, die hatte ja grüne Haare!",
brummelt Jannis.
Pia lächelt nur.

Dass das seltsame Mädchen auch einen Fischschwanz hatte, braucht Jannis ja nicht zu erfahren …

Das schönste Schuppenkleid

Die kleine Nixe Mirja stochert
in ihrem Algensalat herum.
Sie ist viel zu traurig,
um zu essen.

Gut, dass Toto Taschenkrebs
gerade vorbeikommt!
„Was ist denn los, Mirja?",
fragt Toto seine Freundin.

Mirja seufzt.
„Morgen ist das große Nixenfest.
Und ich darf nicht
beim Wasserballett mitmachen.
Weil meine Schuppen
nicht schön genug glitzern!"

„Das ist ja voll gemein!",
schimpft Toto empört.
„Aber nicht zu ändern",
seufzt Mirja.
Das werden wir ja sehen,
denkt Toto.
Und krabbelt eilig davon.

Am nächsten Tag schwimmt Mirja zum Nixenfest. Was für ein Trubel!

Und wie prächtig alles geschmückt ist!

Aber Mirja kann sich nicht
daran freuen.
Traurig streicht sie
über ihre blassen Schuppen.
Gleich beginnt das Nixenballett.
Und sie darf nicht dabei sein!

Da kommt ja Toto!
„Stell dich zu den anderen,
Mirja!", raunt er. „Schnell!"

Die kleine Nixe gehorcht verdutzt.
Kaum steht sie in Position,
setzt sich ein Schwarm
winziger Leuchtfische
auf ihr Schuppenkleid.
Oh, wie das strahlt und glitzert!

Jetzt ist Mirja die Schönste von allen.
Das Ballett wird ein voller Erfolg.

**Und später bekommt Toto
einen gaaanz dicken Kuss …**

Ein seltsamer Fang

Schiffsjunge Arne hievt das Netz
mit dem frischen Fang an Bord.
Puh, ist das schwer!
Plötzlich stutzt Arne.
Nanu, wer schimpft denn da so?

Ungläubig reißt Arne die Augen auf.
Na so was, da im Netz ist ja
eine NIXE!
Sie zappelt und ruft:
„Hol mich doch hier raus!"
Arne tut, was er kann.

Da kommen auch die anderen Fischer.
„Boah, eine echte Nixe!",
ruft der blonde Hein.
„Die können wir ausstellen
und Eintritt nehmen!"
Alle johlen begeistert.
Nur Knut, der alte Seebär, schweigt.

„Das könnt ihr doch nicht machen!",
ruft die kleine Nixe entsetzt.
Aber – schwupps – da wird sie schon
in ein Fass gesetzt.
Arne soll sie bewachen.
„Hilf mir!", bittet ihn die kleine Nixe.
„Wirf mich ins Meer zurück!"

Arne hält sich die Ohren zu.
Er kann die Nixe nicht freilassen!
Alle wären furchtbar wütend auf ihn.
„Bitte!", fleht die kleine Nixe.
Oje, jetzt weint sie sogar!

Arne hält es nicht mehr aus.
Er hebt die kleine Nixe
aus dem Fass
und wirft sie – hui – ins Meer.
"Danke!", klingt es von unten.
"Tausend Dank!"
"Schon gut", murmelt Arne.
"Tschüss, kleine Nixe!"

Auweia, da kommt jemand!
Es ist Knut, der alte Seebär.
Er sieht das leere Fass und fragt:
„Wo ist denn unsere Nixe?"
Arne holt tief Luft.
„Ich habe sie freigelassen!"

Ob jetzt ein Donnerwetter kommt?
Nein, Knut zwinkert ihm zu.
„Sagen wir besser,
sie wurde über Bord gespült.
Einverstanden?"
Arne strahlt. Na klar!

Die Riesen-Perle

Die Nixen Susa und Nelli
sind beste Freundinnen.
Jeden Tag spielen sie Verstecken
zwischen den Korallen am Riff.
Oder sie suchen nach Muscheln.

Auch heute sind die zwei unterwegs.
„Schau!", ruft Nelli plötzlich.
„Eine Riesen-Perle!", jubelt Susa.
Tatsächlich, da in der Muschel
liegt eine prächtige rosa Perle!

„Sie gehört mir!", ruft Susa.
„Ich habe sie zuerst gesehen!"
„Nein, ich!", widerspricht Nelli.
Oje, zum ersten Mal streiten die beiden!
Da kommt Titus, der Tintenfisch.

„Was ist denn hier los?", fragt Titus.
„Ich dachte, ihr seid Freundinnen."
Die beiden Nixen erröten.
„Wir streiten um die Perle", erklärt Susa.
„Ich habe sie entdeckt, aber Nelli …"
„Still!", zischt Titus plötzlich.

Die Nixen verstummen erschrocken.
Mit einem Mal sind alle drei
von einer dichten dunklen Farbwolke
umhüllt.
Als es wieder hell wird,
wispert Susa: „Was ist geschehen?"

„Ich habe Farbe verspritzt", erklärt Titus.
„Damit der Hai uns nicht sieht!"
„DER HAI??!!", rufen die Nixen
erschrocken.
Titus nickt. „Keine Sorge, er ist weg!"
„Unsere Perle aber auch!",
jammert Susa.

Tatsächlich, die Muschel ist leer!
„Der Hai muss sie geschluckt haben!", meint Nelli.
„Wir finden bestimmt eine neue", tröstet Susa ihre Freundin.
Die beiden Nixen lächeln sich zu.

„Das denke ich auch!", sagt Titus.
Und schiebt die Perle
noch etwas tiefer
in seine Felsspalte.

Es wäre doch wirklich schade,
wenn sich die Nixen
wegen einer Perle
zerstritten hätten …

Leserätsel

mit dem Leseraben

Super, du hast das ganze Buch geschafft!
Hast du die Geschichten ganz genau gelesen?
Der Leserabe hat sich ein paar spannende
Rätsel für echte Lese-Detektive ausgedacht.
Wenn du Rätsel 4 auf Seite 42 löst, kannst du
ein Buchpaket gewinnen!

Rätsel 1

In dieser Buchstabenkiste haben sich vier Wörter aus den Geschichten versteckt. Findest du sie?

F	I	E	R	I	F	F
E	L	R	T	Z	C	V
N	E	T	Z	I	U	M
I	T	U	T	U	Ä	E
X	Ü	M	N	C	Z	E
E	A	H	R	R	A	R

Rätsel 2

Der Leserabe hat einige Wörter aus den Geschichten auseinandergeschnitten. Immer zwei Silben ergeben ein Wort. Schreibe die Wörter auf ein Blatt!

Was-   -der   Ru-   -bär   -le   See-   Per-   -ser

Rätsel 3

In diesem Satz von Seite 24 sind acht falsche Buchstaben versteckt. Lies ganz genau und trage die falschen Buchstaben der Reihe nach in die Kästchen ein.

Schiffsjunge Arnke hievt doas Nertz mita delm frischlen Fange an Bornd.

1	2	3	4	5	6	7	8

Rätsel 4

Beantworte die Fragen zu den Geschichten.
Wenn du dir nicht sicher bist, lies auf den Seiten
noch mal nach!

1. Wer stößt an das Boot von Pia und Jannis?
   (Seite 8)
   V : Ein Hai.
   M : Ein Mädchen.

2. Was macht Arne mit der kleinen Nixe? (Seite 29)
   S : Er wirft sie zurück ins Meer.
   K : Er nimmt sie mit nach Hause.

3. Warum streiten die beiden Nixen Susa und Nelli?
   (Seite 34/35)
   N : Sie streiten wegen einer Muschel.
   H : Sie streiten wegen einer Perle.

Lösungswort:

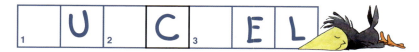

Rabenpost

Jetzt wird es Zeit für die Rabenpost! Besuch mich doch auf meiner Homepage **www.leserabe.de** und gib dort unter der Rubrik „Leserätsel" das richtige Lösungswort ein. Es warten außerdem noch tolle Spiele und spannende Leseproben auf dich! Oder schreib eine E-Mail an **leserabe@ravensburger.de**. Jeden Monat werden 10 Buchpakete unter den Einsendern verlost! Natürlich kannst du mir auch eine Karte schicken.

An den LESERABEN
RABENPOST
Postfach 2007
88190 Ravensburg
Deutschland

Ich freue mich immer über Post!

Dein Leserabe

Lösungen:
Rätsel 1: Riff, Netz, Nixe, Meer
Rätsel 2: Wasser, Perle, Ruder, Seebär
Rätsel 3: Korallen

Leichter lesen lernen mit der Silbenmethode

Durch die farbige Kennzeichnung der einzelnen Silben lernen die Kinder leichter lesen. Das gelingt folgendermaßen:
1. Die einzelnen Wörter werden in Buchstabengruppen aufgeteilt. Diese kleinen Gruppen sind leichter zu erfassen als das ganze Wort.
2. Die Buchstabengruppen sind ganz besondere Einheiten: Sie zeigen die Sprech-Silben an. Die Sprech-Silben sind der Schlüssel, um ein Wort richtig lesen und verstehen zu können.

Zum Beispiel können bei dem Wort „Giraffe" auch die ersten drei Buchstaben „Gir" als Gruppe gelesen werden: Gir - af - fe. Das könnte dann der Name einer besonderen Affenart sein.
Mit den farbigen Silben dagegen werden sofort die richtigen Buchstabengruppen erkannt: Giraffe. Beim Lesen ergibt sich automatisch der richtige Sinn. Es ist das Tier mit dem langen Hals gemeint.

Warum ist das so?
Beim Lesen in **Sprech-Silben** klingen die Wörter so, wie wir sie sprechen und **hören**. So kann der Sinn der Texte leichter entschlüsselt werden – lesen macht Spaß!
Sobald das Lesen flüssig gelingt, können auch alle Texte ohne farbige Silben sicher erfasst werden. Durch das Training erkennen die Kinder die Sprech-Silben automatisch.
Dadurch lesen alle Leseanfänger leichter und besser – und auch die nicht so starken Leser können schneller Erfolge erzielen.

Die farbigen Silben helfen nicht nur beim Lesen, sondern auch bei der **Rechtschreibung**. Sie machen die Struktur der deutschen Sprache sichtbar. Der Leseanfänger nimmt von Anfang an die Silbengliederung der Wörter wahr – und kann so die richtige Schreibweise ableiten.

Markieren die farbigen Silben die Worttrennung?
Die farbigen Silben zeigen die Sprech-Silben eines Wortes an. In den allermeisten Fällen ist das identisch mit der möglichen Worttrennung am Zeilenende. In erster Linie bei der Trennung einzelner Vokale (a, e, i, o, u; z.B. E-va, O-fen, Ra-di-o) gibt es einen Unterschied: Nach der aktuellen Rechtschreibung werden diese am Zeilenende nicht abgetrennt. Da diese Wörter aber mehrere Sprech-Silben haben, sind diese auch mit zwei Farben gekennzeichnet: Eva, Ofen, Radio, beobachten.

Weitere Informationen zur Silbenmethode auf: www.silbenmethode.de